ठगी का मौसम

काव्य संग्रह

नवीन खरयाल
बबीता जसवाल

Made with ♥ on the Notion Press Platform
www.notionpress.com

यह काव्य संग्रह उन सभी लोगों को समर्पित है जो रोज किसी न किसी रूप में राजनीतिक,पारिवारिक या सामाजिक ठगी का शिकार होते हैं । इस काव्य संग्रह की रचनाओं के माध्यम से उन्हें एक स्पष्ट संदेश देने की एक छोटी सी कोशिश है कि वे लोग ठगों के आगे घुटने न टेकें और वर्तमान व्यवस्थाओं के आगे सीना तानकर अपने लक्ष्य की ओर चलते रहें । राष्ट्रकवि रामधारी सिंह दिनकर जी की रचनाओं से बहुत प्रेरणा मिली ।

क्रम-सूची

क्रम-सूची

भूमिका

रचनाएं और व्यवस्थाएं दो समानांतर चलती रेखाओं के समान हैं । नदी के एक किनारे यदि व्यवस्थाएं चलती हैं तो ठीक उसी के समानांतर दूसरे किनारे पर रचनाएं भी रची जाती हैं । क्योंकि कोई भी व्यवस्था अपने आप में परिपूर्ण नहीं होती है, तो उस पर कटाक्ष, व्यंग्य, टिप्पणियां होने की पूरी-पूरी संभावना रहती है । समय-समय पर रचनाकार अपनी कृतियों के माध्यम से समाज और व्यवस्थाओं को चुनौती देने में पीछे नहीं हटते । "ठगी का मौसम" काव्य संग्रह भी इसी कड़ी में एक छोटी सी कोशिश है । ठगी सिर्फ पैसों की नहीं होती । समाज के किसी वर्ग से उनके मौके, समय इत्यादि चुराना भी एक ठगी ही है । जब चारों ओर ठगी का मौसम चल रहा हो तो कोई भला कैसे शांत बैठ सकता है । हम लोग ठगी में शामिल न होने के बाद भी उसमें भागीदार क्यों बनें । विरोध और विद्रोह एक रचनाकार की कलम में हमेशा रहना चाहिए । एक कलमकार जब पूरी तरह से दरबारी हो जाता है तो इससे न केवल उसका अपना बल्कि आने वाली कई पीढियों का प्रत्यक्ष या अप्रत्यक्ष नुकसान हो जाता है । वह भी आने वाली पीढियों के प्रति अपने उत्तरदायित्व की एक ठगी ही है । एक स्वतंत्र या विद्रोही कलम किसी भी प्रलोभन को झेलती नहीं है । वह तो कई बार लिखने वाले के मन की भी नहीं सुनती । ऐसे ही एक मनमानी कलम की रचनाओं को "ठगी का मौसम" काव्य संग्रह एक सूत्र में पिरोने की कोशिश की गई है । इसकी अलग-अलग रचनाएं, अलग-अलग समय पर मन के अलग-अलग भावों को व्यक्त करती हैं । इसीलिए अगर किसी पाठक को किन्ही दो कृतियों में विरोधाभास लगे तो क्षमा चाहेंगे । उम्मीद करते हैं कि

पाठकों को सभी रचनाएं पसंद आएंगी।

धन्यवाद

नवीन खरयाल

बबीता जसवाल

पावती (स्वीकृति)

इस काव्य संग्रह की सभी रचनाएं मूल रूप से हमारी स्वयं द्वारा रचित हैं । इनका कोई भी भाग किसी अन्य कवि की रचनाओं से लिया हुआ नहीं है । अगर कुछ होता है तो यह केवल एक संयोग होगा ।

1. वंदना और आभार

प्रथम वंदना प्रभु भोलेनाथ की,
जो सृष्टि के कण-कण में बसते हैं ।
द्वितीय वंदना गुरु ब्रह्मा की,
जो प्राणों की रचना करते हैं ॥
तृतीय वंदना मां शारदा की,
जो कला का पात्र बनाती है ।
साधारण मनुष्य की बुद्धि को भी,
कल्पनाशील बनाती है ॥
परिजनों, गुरुजनों और प्रियजनों का,
हृदय की गहराई से आभार ।
आलोचकों को भी प्रतिक्रिया का,
पूरा-पूरा अधिकार ।
पाठकों से स्नेह की,
पूरी कामना रखते हैं ।
दो हाथ जोड़कर आपका,
आभार व्यक्त करते हैं ॥
आशा करते हैं कि,
हमारी रचनाओं को मिले आपका प्यार ।
प्रेरित करते रहें हमें और लिखने को,
हृदय की गहराइयों से आप सबका आभार ॥

2. ठगी का मौसम

देखो ठगी का मौसम आया,
चहुं ओर ठगों ने शोर मचाया ।
मीठी-मीठी हुई जुबान,
खुली झूठ की नई दुकान ॥
कुछ वर्दी में कुछ बिन वर्दी के,
कई रंग रूपों में ठग घुस आए ।
वेश अलग पर एक ही भाषा,
सबसे मीठे-मीठे बतियाए ॥
पहले पेशे में ठगी करते थे,
अब ठगी बनाया मुख्य पेशा ।
साम-दाम-दंड-भेद लगाकर,
खूब कमाते इससे पैसा ॥
दो के चार, चार के सोलह,
चांदी कूटें बनकर भोला ।
जब तक चाल को समझे कोई,
निकल जाते उठाकर झोला ॥
ठगबस्ती में छाई मस्ती,
हर चीज मिली है मुफ्त या सस्ती ।
सस्ता चोखा इनको खूब भाया,
देखो ठगी का मौसम आया ॥

3. सच को सच कह दोगे तो

शहद सा मीठा थोड़ा झूठ,
तुम भी रोज पी लिया करो ।
सच को सच कह दोगे तो,
हंगामा बड़ा हो जाएगा ॥
दबा लिया करो कुछ,
बातें-किस्से अपने मन में,
सच को सच कह दोगे तो,
बखेड़ा खड़ा हो जाएगा ॥
झूठी तारीफों का पुल अक्सर,
सच का वजन नहीं झेलता ।
सच को सच कह दोगे तो,
यह भरभराकर गिर जाएगा ॥
यूं तो सच को छुपाना ही नहीं,
पचाना है और भी मुश्किल ।
लेकिन सच को सच कह दोगे तो,
सब नीम सा कड़वा हो जाएगा ॥
झूठ के आधार पर,
टिके हुए सब रिश्ते-धंधे ।
तुम सच को सच कह दोगे तो
सब कुछ चौपट हो जाएगा ॥

4. निष्पक्षता

ना पक्ष में ना विपक्ष में,
ना शामिल किसी के कष्ट में ।
निष्पक्षता एक लत है आदमखोर सी,
घरबार और परिवार को निचोड़ती ॥
जिन्हें अहंकार था उठने का ,
इतने उठे कि अंबर में भी छेद हो गए ।
व्यवस्थाओं का पतन हुआ ऐसा कि,
बचे हुए बाकी पाताल में खो गए ॥
एक छुपता रहा धरती पर,
निष्पक्षता की आड़ में ।
सब फसल चट कर गए
टिड्डे उसकी ही बाड़ में ॥
घर के कोने में छुप जाने से,
जो कुछ होना होता ।
रोज-रोज फूटे कर्मों का,
फूटफूट कर रोना ना रोता ॥
इस पार या उस पार,
किसी एक को चुनना पड़ेगा ।
अब निष्पक्षता को छोड़कर,
एक कठिन रास्ता चुनना पड़ेगा ॥

5. एक पहाड़ी चाचा

एक पहाड़ी चाचा,
लेटा घर के आंगन में,
सब खर्चों का लेखा-जोखा ,
रहता उसके मन में ।
हाथ डालकर जेब में,
ढूंढे नोटों की गड्डी ।
पर चुभती है अब,
उसको अपनी ही हड्डी ॥
जेब में पड़ा है बस,
राशन का इक लंबा सा पर्चा,
आमदनी से ऊपर चला गया,
इस माह भी घर का खर्चा ।
सोच रहा है खटिया पर लेटा,
कैसे अब यह उधार चुकाए,
आते जाते अब तो,
लाला भी आंख दिखाए ॥
कच्चे घर की दीवार में एक दरार पड़ी है,
आगे बिटिया के ब्याह की तारीख खड़ी है ।
घर की माली हालत जब नहीं थी अच्छी,
क्यों करके आए हो तारीख ब्याह की पक्की ॥
इसी बात पर रोज घर में द्वंद हो जाए,
कभी-कभी तो भोजन पकना बंद हो जाए ।

बचे हुए आटे और घी से प्रसाद बनाता,
और फिर रुष्ट हुए अपने इष्ट देव मनाता ॥

6. डल झील और शिकारा

धीरे-धीरे चलते जाना ठहरे पानी पर
ए दुल्हन से सुर्ख सजे शिकारे ।
कहीं आंखों से ओझल ना हो जाएं,
डल झील के यह नजारे ॥
अपनी ही धुन में मस्त मगन ,
गुनगुना रहा है शिकारे वाला ।
नजर उठाओ तो ऊपर दिखती है,
सुंदर सी ज़बरवान पर्वतमाला ॥
कभी कहवावाला आवाज लगा रहा है,
और कभी केसरवाला डिब्बी दिखा रहा है ।
शाम तो कश्मीर के रंग में पूरी रंगी हुई है,
रंग बिरंगे शिकारों से झील सजी हुई है ॥
एक नजर ऊपर हरि पर्वत पर डाल रहा हूं,
शिव मंदिर शंकराचार्य का भी निहार रहा हूं ।
धीरे चलना साथी कि कुछ छूट न जाए,
आगे चलकर कहीं मन मेरा ना पछताए ॥
डल के नीले जल में सुंदर कमल खिले हैं,
पानी पर बसे लोगों के कुछ घर मिले हैं ।
पानी पर ही चलता-फिरता बाजार लगा है,
पानी पर ही यहां सारा व्यापार सजा है ॥
चप्पू चलाओ धीरे साथी क्योंकि,
शिकारों के नाम शाम सजी है ।

याद रहे धरती के स्वर्ग तक आने में,
मेरी लगभग आधी उम्र लगी है ॥

7. हुक्मरानों के दिल

गर्मियों के इस मौसम में
जब हर चीज पिघल रही है ।
फिर भी क्यों जमे हुए हैं ,
इन हुक्मरानों के दिल ॥
दोपहर की जानलेवा गर्मी में,
पिघल रही है सड़कों की तारकोल ।
नहीं पिघल रहे फिर भी,
इन हुक्मरानों के दिल ॥
आग बरसाती गर्मी में,
सुलग रहे झुग्गी के नवजात ।
फिर भी क्यों जमे हुए हैं ,
इन हुक्मरानों के दिल ॥
सदियों से सुरक्षा करते आ रहे,
ग्लेशियर भी पहाड़ों पर पिघल रहे ।
नहीं पिघल रहे फिर भी,
इन हुक्मरानों के दिल ॥
जमानत पर छूट रहे हर रोज
कई औरतों बच्चियों के पापी ॥
नहीं पिघल रहे फिर भी,
इन हुक्मरानों के दिल ॥
मेरी विनती है खोजकर्ताओं से,
करें खोज इस रहस्य की ।

आखिर किन तत्वों से बने हैं,
इन हुक्मरानों के दिल ॥

8. सूर्य देव कुछ रहम करो

हे सूर्य देव कुछ रहम करो,
क्यों हाहाकार मचाते हो ।
प्रचंड गर्मी का तोहफा देकर,
तन-मन सब दहलाते हो ॥
पेड़ कटे हैं जगह नहीं है,
यहां कहीं छुप जाने को ।
नदिया सूखी,नल सूखे,
ना पानी मिले नहाने को ॥
आसमान से आग बरसती,
क्या दिन क्या रात बराबर हैं ।
सूर्य देव के प्रकोप के आगे,
यह प्राण न्योछावर है ॥
हरी घास भी झुलस गई है,
जेठ की दुपहरी गर्मी है ।
सूर्य देव आपके तेवर में,
फिर भी ना कोई नरमी है ॥
पशु-पक्षी सब तड़प रहे हैं,
सब भीख रहम की मांग रहे हैं,
क्योंकि गर्मी के कारण लोग भी,
रात-रात भर जाग रहे हैं ॥
हाथ जोड़ सूर्य देव है विनती,
थोड़ी हम पर कृपा बरसाओ ॥

हम सब आपके अपने बच्चे हैं,
हमें गर्मी से यूं ना जलाओ ॥

9. पर्यावरण की लंका

अध्यापक ने पूछा सब बच्चों से,
पूछो कुछ आज पढ़ाए हुए विषय से ।
सब पढ़ाकू बच्चों ने ना में सिर हिलाया,
पीछे से एक बातूनी बच्चे ने हाथ उठाया ॥
गुरुजी मेरे मन में रहती एक शंका,
कौन जला रहा है पर्यावरण की लंका ।
क्यों जहरीली हो गई यहां की नदियां,
जिनको बनने में लगी थी कितनी ही सदियां ॥
घर के नल में पानी क्यों मटमैला आता है,
रोज गली में कचरा कौन बिखेर जाता है ।
हर जगह स्वच्छता के पोस्टर देते हैं दिखाई,
फिर क्यों बड़े नहीं करते हैं इसकी सुनवाई ॥
मेरे हिस्से के हरे-भरे जंगल कौन खा रहा है,
यह कौन है जो कानून को ठेंगा दिखा रहा है ।
हमें अहिंसा का संदेश देता है मगर,
खुद जानवरों की बलि चढ़ा रहा है ॥
काला जहर हुआ पानी क्या हम पी पाएंगे,
ऐसे पर्यावरण में भला हम कैसे जी पाएंगे ।
गुरुजी बस इतनी भर है मेरी शंका,
कौन जला रहा है पर्यावरण की लंका ॥
सब कुछ जानकर भी गुरुजी निरूत्तर हो गए,
कुछ पल के लिए अपराध बोध में खो गए ।

बोले इसके लिए मुझे थोड़ा और पढ़ना होगा,
पर्यावरण बचाने को मिलकर आगे बढ़ना होगा ॥

10. सत्ताधारी के मेरे-तेरे

अच्छे-अच्छे मेरे-मेरे,
बुरे-बुरे हैं तेरे-तेरे ।
पक्के-पक्के मेरे-मेरे,
कच्चे-कच्चे तेरे-तेरे ॥
साधु-संत हैं मेरे-मेरे,
सभी उचक्के तेरे-तेरे ।
उजले-उजले मेरे-मेरे,
काले धंधे वाले तेरे ॥
चोरों के हैं अड्डे तेरे,
संतों के है डेरे मेरे ।
मैं जो बोलूं सत्य वचन है,
पुलिंदे झूठ के बोल है तेरे ॥
जो मैं बोलूं चुप सुनता जा,
वरना कसेंगे कानून के घेरे ।
कौन सुनेगा तुझको पगले,
जब न्याय अदालत हैं सब मेरे ॥
कहां छपेगा तेरा लेखन,
जब छापने वाले सब हैं मेरे ॥
कौन सुनेगा नारे तेरे,
जब लगेंगे जयकारे मेरे ॥
सब भरपेट हैं मेरे-मेरे,
भूखे हैं सब तेरे-तेरे ।

क्या ही सत्ता पर चिल्लाएंगे अब,
उजड़ चुके हैं जिनके बसेरे ॥

11. कलमकार दरबारी

नजर गई आज फिर,
समाचार पत्र की ओर ।
सनसनी फिर छप गई है,
असली खबर कट गई है ॥
यहां भी कोई कमी नहीं,
सनसनी में किरदारों की ।
ना खट्टे-मीठे किस्सों की,
ना स्वाद के चटकारों की ॥
किसी राजमहल के आगे फिर,
कुछ चाटुकार खड़े हैं ।
चरणवंदना करके फिर,
सनसनी लिखने में लगे हैं ॥
कहीं धन दौलत की बारिश है,
और चाटुकारों का मेला है ।
जहां कुबेर ने मुख मोडा है,
वहां मुख्य किरदार अकेला है ॥
उस किरदार से पूछो जिसके,
घर में बेरोजगार सा बेटा है ।
गली-गली में नशा बंट रहा,
सामने शराब का ठेका है ॥
पर सनसनी छा जाती है,
समाचार को खा जाती है ।

दरबारी भागें सनसनी के पीछे,
कड़वे सच से आंखें मीचे ॥
सच मिलता है कूड़े-दानों में,
अखबारों के दफ्तर पर ।
और सनसनी बिकती है अब,
टीवी अखबारों में घर-घर ॥

12. आदमखोर शहर

इस तंग शहर में शोर है,
कुछ भेड़िए आदमखोर हैं ।
पहरा देते रंगे सियार हैं,
लकड़बग्घों की सरकार है ।
कोई दिन दिहाड़े आता है,
कोई रात को घात लगाता है ।
किसी में कोई दया धर्म नहीं,
कोई बोटी नोच कर खाता है ॥
जहां सच बोलने वालों की
आवाज दबाई जाती है ।
कहीं कब्र खुदाई जाती है,
कहीं चिता जलाई जाती है ॥
यूं तो कहने भर को,
सारी रात जनता जगती है ।
पर हादसा कोई होने से पहले,
आंख सबकी लगती है ॥
लोगों से खचाखच भरा हुआ,
यह शहर बड़ा बेगाना है ।
अपनापन और प्यार यहां,
गुजरा हुआ जमाना है ॥
इसी रंग में पुता हुआ,
मैं एक निर्जीव बाशिंदा हूं ।

पुतले सा जीवन जीता हूं,
मैं खुद पर भी शर्मिंदा हूं ॥

13. गोल गुंबद जिंदगी

दीवारें अगर चार होती तो,
बातें उनसे कर लेता चार ।
इस गोल गुंबद जिंदगी में
कहो किससे बतियाऊं मैं ॥
दीवारें अगर चार होती तो,
कोई कोना पकड़ लेता ।
इस गोल गुंबद जिंदगी में,
वह कोना कहां से लाऊं मैं ॥
गहरी नींद में है सारे,
हमसफर भी हमकदम भी ।
इस गोल गुंबद जिंदगी में,
किस किसको जगाऊं मैं ॥
चार दिवारी और छत की,
जरूरत यहां सबको पड़ी ।
इस गोल गुंबद जिंदगी में,
वह छत कहां से लाऊं मैं ॥
चारदीवारी ढूंढता है,
दिल मेरा यह बार-बार ।
इस गोल गुंबद जिंदगी में,
यूं ही कहीं खो ना जाऊं मैं ॥

14. लुफ्तप्राय से जीव

लुफ्तप्राय प्रजाति के,
कुछ लुफ्तप्राय से जीव ।
कुछ तो दुर्लभ दिखते हैं,
कुछ दिखते बहुत अजीब ॥
कोई ऑफलाइन से होते हैं,
ना पकड़ा हाथ में फोन ।
इस लुफ्तप्राय प्रजाति को,
संरक्षित आखिर करेगा कौन ॥
यह वह आखिरी पीढ़ी थी,
बेहतर संवाद किया करती थी ॥
जीवन के हर पल को,
ऑफलाइन जिया करती थी ॥
चौपाल पर बैठक करते थे,
ट्रोलिंग से ना डरते थे ।
मुश्किल से मुश्किल विपदा का,
सामना डटकर करते थे ॥
इन लुफ्तप्राय से जीवों से,
इतिहास की चर्चा किया करो ।
कभी-कभी ऑफलाइन होकर ,
उनकी जिंदगी भी जिया करो ॥

15. एकलव्य के कटे अंगूठे

एकलव्य के कटे अंगूठे,
यहां किसको तेरी पड़ी है ।
सुविधा संपन्न शिष्यों की टोली,
जब गुरु द्रोण के द्वार खड़ी है ॥
अवसर की नीलामी में,
भर-भर नोट गड्डियां आई हैं ।
एकलव्य के कटे अंगूठे,
यहां बड़ी हस्तियां छाई हैं ॥
किसी के हाथ में भरी अटैची,
कोई सोना चांदी तोल रहा है ।
"जिसकी चलती उसकी क्या गलती ",
हर सेठ यहां पर बोल रहा है ॥
अवसरों की लगती बोली में,
सब की साख पर बट्टा लगा है ।
तू दिन-रात मैदान में रहा डटा,
उधर खेल में ही सट्टा लगा है ॥
तू अकेला नहीं है यहां,
जिसे अवसर-अफसर दोनों रूठे ।
तेरे जैसे लाखों यहां पर,
एकलव्य के कटे अंगूठे ॥

16. मिस्टर रायचंद रायवाला

जब से तुम मिले हो मुझसे,
मिस्टर रायचंद रायवाला ।
जीना ही दूभर हो गया,
ना उतरे गले से निवाला ॥
एक का दस करने की,
ऐसी तुमने तरकीब बताई ।
टोपी पहनाने में तुम तो निकले,
मिस्टर नटवरलाल के भाई ॥
चाय की टपरी पर जाकर,
पिलाया ऐसा चाय का प्याला ।
बंपर दिवाली का सपना दिखाकर,
निकाल दिया मेरा दीवाला ॥
जाने कौन सा बैंक था जिसमें,
तू एक का दस करता था ।
हवा से बातें करने में,
तू भी ना पीछे हटता था ॥
कई दिनों से तू भी गायब,
दफ्तर पर लगा हुआ है ताला ।
अब तो घर वापस आजा,
मिस्टर रायचंद रायवाला ।

रिश्तेदार सब ताने मारें,
तू तो हो गया रफू चक्कर ।
एक का दस करने के पीछे,
महाक्लेश हो गया घर पर ॥

17. चलता चलत मुसाफिर

चलता चलत मुसाफिर आगे,
बड़ी दूर है तेरी धाम ।
जिस घर शाम हो जाए,
वही घर तेरा मकान ॥
चलता चलत मुसाफिर आगे,
रस, रज, तम नहीं है तेरा ।
यह दुनिया एक कुटिया सी है,
जहां कुछ पल तेरा बसेरा ।
ठहर न जाना कहीं तू,
किसी लोभ-मोह की चाह में ।
चलता चलत मुसाफिर आगे,
तू अपनी ही राह में ॥
तेरा रस्ता बड़ा कठिन है,
पग-पग पर बहलाता है ।
मृगतृष्णा की चाह दिखाकर,
डगर-डगर बहकाता है ॥
तू बस आगे ही बढ़ते जाना,
कहीं रुकना तेरा काम नहीं ।
चलता चलत मुसाफिर आगे,
अभी आया तेरा मुकाम नहीं ॥

18. रंगदारी दीमक

रंगदारी मांगें देश में,
पैसा रखें विदेश में ।
ऐसे दीमक बड़े घातक,
समाज सेवक के वेश में ॥
किसी दवाई से यह ना मरते,
जड़ें देश की खोखला करते ॥
काली कमाई विदेशी बैंक में,
कमीशन लेते परसेंट में ॥
मामला पूरा चेक कर लेते,
साहब को भी सेट कर लेते ।
नाम साहब का पूरा जपना,
और साथ में दारु-चखना ॥
दीमक पूरी टीम बनाते,
श्रृंखलाबद्ध काम करते जाते ।
जो इनकी श्रृंखला में फंस जाता,
पूरी उम्र बड़ा पछताता ॥
ये दीमक देश को चाट रहे हैं,
खोखला करके बांट रहे हैं ।
आओ कीटनाशक कोई ऐसा बनाएं,
देश को इन दीमकों से बचाएं ॥

19. पलायन या रोजगार

कोई पलायन कहे जिसे,
कोई उसे रोजगार का मौका ।
पर पानी और जवानी को,
कहां किसी बंधन ने रोका ॥
पेड़ और ममता की छांव में,
जो बचपन गांव में बीते ।
परदेस में कटे उनकी जवानी,
दुख दर्द में आंखें मीचे ॥
घर बार खेत सब प्रियतम छूटे,
कितने अपने तुझसे रूठे ।
कितने गिरे हैं आंसू पीछे,
कोमल हाथों से टांगें खींचे ॥
कोई कहे तेरा मन निष्ठुर है,
कोई कहे कि तन पत्थर है ।
है कोई निरंतर जिम्मेदारी,
या उठा लिया है कर्जा भारी ॥
ईद-दिवाली पर जब घर जाता,
तब घर खुशियों से भर जाता ।
उन दिनों घर-घर लगता है,
वापस जाने में डर लगता है ॥
पर सब कुछ मन में दबा कर,
कदम अनायास ही आगे बढ़ जाते ।

चाहे कोई कहे तेरा मन निष्ठुर है,
या कोई कहे कि तन पत्थर है ॥

20. सोया जमीर

पत्थर आया गोली आई,
हुड़दंग मचाने टोली आई ।
आखिर कब तक भागोगे,
सोए जमीर कब जागोगे ॥
जंगल बिक गए जमीन बिक गई,
और धरोहर प्राचीन बिक गई ।
कब तक दया याचना मांगोगे,
सोए जमीर कब जागोगे ॥
आती सरकारें जाती सरकारें,
आश्वासन देती जाती सरकारें ।
आश्वासन पर कब तक रुकोगे,
सोए जमीर तुम कब उठोगे ॥
हर जीवन पर संकट भारी,
बोलो क्या है तुम्हारी तैयारी ।
क्या तुम अब कुछ कर पाओगे,
सोए जमीर कब आवाज उठाओगे ॥
यह न हो कि तुम सोए रह जाओ,
और सृष्टि लुट जाए सारी ।
सोए ज़मीर अब जाग भी जाओ,
जिम्मेदारी है तुम पर भारी ॥

21. घर का आंगन

घर का आंगन मुझे,
अब भी खोजता होगा ।
मेरा बचपन मुझे,
आज भी भूला ना होगा ॥
मैं चंचल था बहुत,
आंगन की मिट्टी में खेलता ।
उस मिट्टी की महक,
मुझमें आज भी तो होगी ॥
किसी लकड़ी के बक्से में शायद,
एक खिलौना टूटा सा होगा ।
वह खिलौना आज भी,
सूरत मेरी पहचानता होगा ॥
अरसा हो गया मुझे अगर,
घर से निकले हुए तो क्या हुआ ।
कुछ पेड़ कभी सूखने से बचाए थे,
उनमें से कोई तो मुझे जानता होगा ॥
लौटूंगा घर के आंगन में,
जरूर मैं एक दिन क्योंकि ।
घर का आंगन मुझे,
अब भी खोजता होगा ॥

22. विकल्प

विकल्प खुले हैं दो ही,
अनिश्चितताओं के दौर में ।
या तो किसी सांप से डसवा लो,
या फिर बिच्छू से कटवा लो ॥
विकल्प खुले हैं दो ही,
भौतिक तरक्की की होड़ में ।
या गला काट आगे बढ़ जाओ,
या अपना गला कटवा लो ॥
विकल्प खुले हैं दो ही,
अंधी राजनीति की दौड़ में ।
या स्वयं कूद पड़ो दलदल में,
या किसीअनपढ़ को गद्‌दी थमा दो ॥
विकल्प खुले हैं दो ही,
रिश्तो की पतली डोर में ।
अमृत बांट विष स्वयं पी लो,
या एकाकी जीवन जी लो ॥
पर दूसरा विकल्प नहीं खुला है,
जो आत्मसम्मान से आगे बढ़ना ।
मन के भटकावों से लड़ना,
गिरना उठना और संभलना ॥

23. कड़वा-मीठा

जीवन में चलता ही रहता,
कड़वे-मीठे का संयोग ।
गुणदायक कड़वा करेला,
अति मीठा देता मधु रोग ॥
चेतना में रखे कड़वा करेला,
और मधु करे मदहोश ।
मीठे के गुण ही ना देखो,
ना ही कड़वे के सिर्फ दोष ॥
मीठी-मीठी वाणी बोलकर,
मन का कपट छुपाएं लोग ।
मुंह में राम बगल में छुरियां,
तरह-तरह के करें प्रयोग ॥
थोड़ा कड़वा चख के देखो,
सच को कान के पीछे ना फेंको ।
जो मीठा-मीठा गुणगान करेंगे,
पीठ के पीछे कान भरेंगे ॥
बूंद बूंद कड़वा भी पी लो,
थोड़ी सच्चाई भी जी लो ।
अपने मन को तुम समझा लो,
कड़वे सच को तुम अपना लो ॥

24. टांग खिंचाई

टांग खिंचाई का खेल निराला,
पप्पू हुआ इसमें मतवाला ।
ना पढ़ता ना पढ़ने देता,
ना ही आगे बढ़ने देता ॥
जो कोई मेहनत करता जाता,
पप्पू की आंखों से ना बच पाता ।
शुरू हो जाती पकड़म पकड़ाई,
फिर थोड़ी देर में टांग खिंचाई ॥
बड़े-बड़े अपनाता हथकंडे,
कभी लालच कभी डंडे ।
जो भी उससे ऊपर जाता,
फंसाकर टंगड़ी नीचे गिराता ॥
शुरू हो गई वार्षिक परीक्षा,
जिसकी सब बच्चों को थी प्रतीक्षा ।
पप्पू ने ऐसा खेल रचाया,
परिणाम में सबको चौंकाया ।
पप्पू निकला कक्षा का टॉपर,
बुरा हाल सबका रो-रो कर ।
टांग खिंचाई का चल गया सिक्का,
पप्पू निकला हुकुम का इक्का ॥

25. श्वेत रंग में कौवे काले

श्वेत रंग में कौवे काले,
वेश बदलकर आने वाले ।
यह आए हैं मोती चुगने ,
यह आए हैं हमको ठगने ॥
असली हंसों से दिखने वाले,
चाल भी उनकी चलने वाले ।
सब में घुल मिल जाने वाले,
अदृश्य जाल बिछाने वाले ॥
सेवा का चोला ओढ़ने वाले,
पर धंधे हैं उनके काले ।
शाकाहार का ढोंग रचाकर,
सब कुछ चट कर जाने वाले ॥
श्वेत रंग के कौवे काले,
कांय-कांय नहीं करने वाले ।
अभिनय के पूरे पारंगत,
कुहू-कुहू से ठगने वाले ॥
उनके अभिनय को पहचानो,
इनके कुटिल इरादों को जानो ।
श्वेत रंग में कौवे काले,
हंसों जैसे दिखने वाले ॥

26. आगे बढ़ो तुम

चलो-चलो आगे बढ़ो तुम,
संघर्ष पथ पर लड़ो तुम ।
अभी हिम्मत बहुत जवान है,
अभी तुम में बाकी जान है ॥
आवाज हुई कुछ टूट गया,
सफर का साथी छूट गया ।
इस मन को वज्र करो तुम,
संघर्ष पथ पर आगे बढ़ो तुम ॥
माना कि अंधेरी रात है,
तेज आंधी और बरसात है ।
डटकर इससे लड़ो तुम,
निर्भय आगे बढ़ो तुम ॥
कंकड़-पत्थर पर पग धरो,
हर बाधा को तुम पार करो ।
अंधेरी रात के बाद जो सवेरा है,
बस वहीं तेरा बसेरा है ॥
जब तक ना सवेरा पा लो,
हर हालात से लड़ो तुम ।
चलो-चलो आगे बढ़ो तुम,
संघर्ष पथ पर लड़ो तुम ॥

27. चार लोग

" क्या कहेंगे चार लोग",
कहकर सदा डराया गया ।
पर इन चार लोगों का पता ,
सदा ही हमसे छुपाया गया ॥
इन्हीं चार लोगों को मानकर,
एक सभ्य समाज बनाया गया ।
पर इन चार लोगों का पता ,
सदा ही हमसे छुपाया गया ॥
लोक-लाज भला-बुरा,
सब हमको समझाया गया ॥
पर इन चार लोगों का पता ,
सदा ही हमसे छुपाया गया ॥
चार लोगों का हवाला देकर,
जाने कितने मौके दबाए गए ।
हाशिए पर रखे गए कितने,
और कितने छुपाए गए ॥
इन चार लोगों का पता,
समाज में कहीं ना पाया ।
हम तुम थे एक शाख के उल्लू,
जिन्हें मिला बाबा जी का ठुल्लू ॥
चार लोगों के नाम पर,
किसने किया यह गड़बड़झाला ।

नवीन खरयाल

क्या नैतिकता के नाम पर,
रचा गया एक महा घोटाला ?

28. मिस्टर टालू राम

एक था मिस्टर टालू राम,
बात टालना जिसका काम ।
हर काम को कल पर छोड़े,
पड़ा रहे रजाई ओढ़े ॥
सुबह-सुबह मम्मी उसे जगाए,
रोज नहाने के लाभ बताए ।
बाल्टी देख घबराए टालू,
नाटक हो गया उसका चालू ॥
कभी बताए पानी ठंडा,
कभी चले मम्मी का डंडा ॥
बोला एक दिन ना नहाएगा,
तो क्या ही हो जाएगा ॥
अगले ही दिन छुट्टी कर गए,
सूरज चाचू और चंदा मामा ।
सिट्टी-पिटट्टी गुम टालू की,
खड़ा हो गया नया हंगामा ॥
भर गया अंधेरा चारों ओर ,
तब टालू राम का माथा ठनका ।
छोड़ दिया सब काम टालना,
निकल गया भ्रम सारा मन का ॥

29. चुटकी और चटकारा

चुटकी और चटकारा,
इसी रोग ने सबको मारा ।
अब तो डूबते को ना मिले,
तिनके का भी सहारा ॥
तेरहवीं और बरसी पर भी,
हर कोई ढूंढे छप्पन भोग ।
पर अर्थी को कंधा देने को,
मिल नहीं रहे चार लोग ॥
कहीं लगी है आग पर,
बुझाने का ना कोई दिखे प्रयास ।
कहीं कैमरा कहीं वीडियो,
दौड़ रहे सब आसपास ॥
किसी की इज्जत दांव लगी,
कोई ले रहा चुटकी-चटकारा ।
कोई दुख में शामिल ढोंग रचाए,
कोई आंख मार कर करे इशारा ॥
बचते बचते कहां तक जाए,
समझ ना पाए भुक्तभोगी बेचारा ।
कोई काट रहा है चुटकी उसकी,
और कोई ले रहा चटकारा ॥

30. युवा क्रांति की चिंगारी

इक युवा क्रांति की चिंगारी,
जब सुलगेगी हर गांव-गांव ।
और बढ़ते बढ़ते नगर-नगर,
जा पहुंचेगी फिर शहर-शहर ॥
जब रूप लपट का धर लेगी,
संगठित स्वयं को कर लेगी ।
फिर भ्रष्ट संस्थाएं घबराएंगी,
बूढ़ी व्यवस्थाएं चरमराएंगी ॥
फिर प्रश्न उठाए जाएंगे,
और तख्त गिराए जाएंगे ।
तख्तों पर बैठे कब्जाधारी,
जल भुनकर बौखलाएंगे ॥
पर आग की उठती लपटों को,
कोई भी काबू न कर पाएगा ।
इन लपटों के लपेटों में,
सब अहंकार जल जाएगा ॥
फिर एक न्याय की नींव तले,
दंडित होंगे सब अत्याचारी ।
जब सुलगेगी हर गांव-शहर,
इक युवा क्रांति की चिंगारी ॥

31. दलील पर भारी सवाल

हर दलील पर भारी,
जब सवाल होता है ।
तो अक्सर ही,
भारी बवाल होता है ॥
हर दलील पर भारी,
जब सवाल होता है ।
कटघरे में खड़ा आदमी,
गुस्से में पूरा लाल होता है ।
हर दलील पर भारी,
जब सवाल होता है ।
तो खीझ ना निकल पाने का
अक्सर मलाल होता है ॥
हर दलील पर भारी,
जब सवाल होता है ।
तो नाजायज असले का,
अक्सर इस्तेमाल होता है ॥
हर दलील पर भारी,
जब सवाल होता है ।
शांत समंदर में भी,
ज्वारभाटे सा उबाल होता है ॥

32. सफेद पुड़िया

सफेद मौत बंट रही है,
हल्की-हल्की पुड़ियों में ।
बेमौत मरें इसे लाने वाले,
बच्चों को जहर पिलाने वाले ॥
दर्द से सीना फटता है,
इन जिंदा मुर्दों को देखकर ।
नशे की लत जो पूरा करते,
मां बाप के सपने बेचकर ॥
जो सरकारों को नहीं दिखता है,
कैसे वह घर-घर बिकता है ।
बेमौत मरें इसे लाने वाले,
बच्चों को जहर पिलाने वाले ॥
आज आंगन में खड़ी हुई,
सफेद मौत बुलावा देती है ।
रोज आस पडोस में कहीं,
बलि किसी बच्चे की लेती है ॥
कोई कुछ ना करेगा अब तो,
खुद ही आगे आना होगा ।
हर गांव में टोलियां बनाकर,
सफेद पुड़ियों को मिटाना होगा ॥

33. इंतजार

एक मीठा इंतजार,
उस एक क्षण का ।
जो संपूर्ण हो खुद में,
क्या कभी वह आता है ॥
इंतजार उस एक क्षण का,
जिसमें सिर्फ खुशियों की धुन ।
राहत ही राहत, ना कोई चाहत,
ना कोई द्वेष, ना कोई शिकायत ॥
इंतजार उस एक क्षण का,
जो अपने साथ ले आए ।
एक असीम सी शांति ।
ना रहे कोई भ्रांति ॥
वह एक क्षण जिसके बाद,
ना रहे इच्छा कुछ पाने की,
जहां समय अटल ठहरे,
ना ही फिक्र रहे जमाने की ॥
इंतजार उस एक क्षण का,
जो शायद आगे आएगा ।
या फिर आकर चला गया,
और हमने जिया नहीं ॥

34. नतमस्तक हूं उस कलम के आगे

नतमस्तक हूं उस कलम के आगे,
जिसने कई तलवारों को काटा है ॥
जो लिखते-लिखते टूट गई पर,
कभी ना तलवा चाटा है ॥
नतमस्तक हूं उस कलम के आगे,
जो क्रांति के नारों को लिखती है ।
जो जन-जन की आवाज बने,
बाहुबल के आगे ना बिकती है ॥
नतमस्तक हूं उस कलम के आगे,
जिसे केवल सच से प्यार है ।
जो सत्ता के रंग में रंग जाए,
ऐसी कलम बेकार है ॥
नतमस्तक हूं उस कलम के आगे,
जो लोगों की बंद आंखें खोले ।
जिसके अक्षर-अक्षर मार करें,
और पढ़कर तख्त-सिंहासन डोलें ॥
नतमस्तक हूं उस कलम के आगे,
जो दर्पण बने समाज का ।
ना केवल गुणगान लिखे,
किसी बड़े महाराज का ॥

35. दिल दर्पण को ठगने आए

कुछ रिश्तों की चादर ओढ़े,
नीयत लगे छुपाने लोग ॥
दिल दर्पण को ठगने आए,
मिलकर सभी सयाने लोग ।
शहद सरीखा रस बरसाते,
डंक चुभाने वाले वाले लोग ।
दिल दर्पण को ठगने आए,
मिलकर सभी सयाने लोग ।
पीतल पर सोना लगे चढ़ाने,
रंगत में रंगे पुराने लोग ।
दिल दर्पण को ठगने आए,
मिलकर सभी सयाने लोग ।
अपने-अपने मुद्दों को लेकर,
चले समाज बनाने लोग ।
दिल दर्पण को ठगने आए,
मिलकर सभी सयाने लोग ।
स्वार्थसिद्धि की सिद्धि पाकर,
अपना लगे बनाने लोग ।
दिल दर्पण को ठगने आए,
मिलकर सभी सयाने लोग ।

36. विद्रोही हो जाऊं

हर पल समझौता करने से,
अब और भला मैं क्या पाऊं ॥
है आत्मरक्षा का अधिकार मुझे,
क्यों ना विद्रोही हो जाऊं ॥ ।
पर पद चिन्हों पर चलते-चलते,
क्यों मैं यूं ही खो जाऊं ।
जब अस्तित्व पर ही उठें प्रश्न तो,
क्यों ना विद्रोही हो जाऊं ॥
विद्रोह से अगर कोंपल खिलती है,
उस कोंपल को पेड़ बनाऊं ।
घुटन चुभन तानों के बदले,
क्यों ना विद्रोही हो जाऊं ॥ ॥
है आत्मरक्षा का अधिकार मुझे,
क्यों परकृपा का भार उठाऊं ।
जीवन के फैसले स्वयं लेने को,
क्यों ना विद्रोही हो जाऊं ॥
फल-फूल बनने से अच्छा,
कोई कांटेदार झाड़ी हो जाऊं ।
है आत्मरक्षा का अधिकार मुझे,
क्यों ना विद्रोही हो जाऊं ॥

37. चारदीवारी की चोरियां

ना तो टूटे घरों के ताले,
ना ही टूटी तिजोरियां ।
चारदीवारी के भीतर ही,
पीढ़ी दर पीढ़ी चोरियां ।।
कोई तरसता दो रोटी को,
कोई भरता जाए झोलियां ।
दीरवारी के भीतर ही,
पीढ़ी दर पीढ़ी चोरियां ।।
चुराए गए मां के सपने,
छीन ली बच्चों की लोरियां,
चारदीवारी के भीतर ही,
पीढ़ी दर पीढ़ी चोरियां ।।
अंधी पीसे कुत्ता खाए,
ना दूर करे कमजोरियां,
चारदीवारी के भीतर ही,
पीढ़ी दर पीढ़ी चोरियां ।।
पैरों में बंधी रही,
लोक लाज की बेड़ियां ।
ताकि बेधड़क चलती रहें,
चारदीवारी में चोरियां ।।

38. आंख मिचौली

आंख मिचौली खेली ऐसी,
ढूंढे ना मिले तुम दोबारा ।
नियम खेल का तोड़ा तुमने,
बन कर अंबर का प्यारा तारा ॥
ढूंढ-ढूंढ दिल पत्थर हो गया, ,
हार मान गया यह बेचारा ।
तारों के शहर में बसकर,
तुमने सबसे किया किनारा ॥
सुना वहां ना चिट्ठी जाती ,
ना पहुंचे संदेश हमारा ।
नियम खेल का तोड़ा तुमने,
बन कर अंबर का प्यारा तारा ॥
चलो छोड़ो एक बात बताओ,
क्या वहां बना ली है कोई टोली ।
किसी कोने में चुप रहते हो,
या करते हो खूब हंसी-ठिठोली ॥
आंख मिचौली खेलो फिर से,
वही किस्सा दोहराओ सारा ।
पर अबकी छुपना ओट में ऐसी,
जहां ढूंढ सकूं तुम्हें दोबारा ॥

39. वर्जित है

जब लक्ष्य तुम्हें स्वयं चुनता है
उस पथ में रुक जाना वर्जित है ।
पग छलनी-छलनी हो जाएं,
पर आंसू बहाना वर्जित है ॥
जो सत्य को समर्पित हो,
उसको झुठलाना वर्जित है ।
जो वृक्ष जीवों का जीवन है,
उसका मुरझाना वर्जित है ॥
जो आंख किसी का पहरा है,
उस आंख का सोना वर्जित है ।
जिस जीवन का बलिदान हुआ,
उस बलिदान पर रोना वर्जित है ॥
जो वस्तु प्रेम से मिली हुई,
उसको ठुकराना वर्जित है ॥
जो शीश गर्व की निशानी है,
दर-दर उसे झुकाना वर्जित है ॥
वर्जित है अपना चरित्र पतन,
और तिरस्कार भी वर्जित है ।
वर्जित है किसी का चरित्र हनन,
और कुविचार भी वर्जित है ॥

40. लेख

बिजली सी गति से तेज,
मन में प्रकट विचार हुए ।
चंद पकड़ लिए वह लेख हुए,
बाकी ओझल कई हजार हुए ॥
लेखक जब लिखने बैठा तो,
अंतर्मन में विरोधाभास हुआ ।
शब्दों में दंगल का खेल हुआ,
यह बार-बार आभास हुआ ॥
दंगल में हारे शब्दों का,
और कहीं प्रयोग हुआ ।
कभी हारे शब्दों से लेख बने,
ऐसा भी गजब संयोग हुआ ॥
बच्चों जैसे प्रिय शब्दों को,
लेखक मिटा नहीं पता है ।
सबका तालमेल बिठाकर ,
रचना नई बनाता है ॥
बिजली सी गति से तेज विचार,
पकड़कर शब्द चुराए जाते हैं ।
फिर उन शब्दों में होते दंगल ,
अंत में लेख बनाए जाते हैं ॥

धन्यवाद

सफर में आती-जाती सभी चुनौतियों का धन्यवाद जिन्होंने हमें यदा, कदा, सदा कुछ ना कुछ सोचते और लिखते रहने के लिए प्रेरित किया ।

धन्यवाद

नवीन खरयाल

बबीता जसवाल

www.ingramcontent.com/pod-product-compliance
Lightning Source LLC
La Vergne TN
LVHW090334210926
848480LV00004B/1409